PONS

Lektürehilfe

Dantons Tod

Georg Büchner

von
Kai Wiegmann

PONS GmbH
Stuttgart

PONS

Lektürehilfe
Dantons Tod
Georg Büchner

von Kai Wiegmann

Die Seitenangaben der Textzitate beziehen sich auf folgende Ausgabe:
Georg Büchner: *Dantons Tod*. Editionen mit Materialien. Stuttgart, Leipzig: Ernst Klett Verlag, 2007

Auflage A1 5 4 3 2 1 / 2012 2011 2010 2009

Internet: www.pons.de
E-Mail: info@pons.de

Redaktion: Michael Banse, Leipzig
Logoentwurf: Erwin Poell, Heidelberg
Logoüberarbeitung: Sabine Redlin, Ludwigsburg
Titelfoto Vordergrund: Vlado Golub, Stuttgart
Titelfoto Hintergrund: iStockphoto, Hulton Archive
Einbandgestaltung: Schmidt & Dupont
Sprecher: Frauke Vetter, Thomas Kuphal, Helge Sidow
Tonstudio: allegria Musik-/Audioproduktion GbR
Layout: Satz und mehr, Besigheim
Satz: Peter Renz, Stuttgart
Druck und Bindung: L.E.G.O. S.p.A., in Vicenza (VI)
Printed in Italy.
ISBN: 978-3-12-561499-4

Willkommen zur PONS Hörstoff Lektürehilfe!

Diese neue Audio-Lektürehilfe vermittelt dir alle grundlegenden Informationen zu *Dantons Tod* von Georg Büchner – und all das findest du im MP3-Format auf der CD! Du kannst also überall lernen, ganz egal, wo du gerade bist!

TR. 01

Auf der **CD** findest du:

- die ausführliche Zusammenfassung des Inhalts
- die Charakterisierung der Figuren
- die Textanalyse und -interpretation
- Hintergrundinformationen zu Autor und Werk

Das **Booklet** fasst die Themen und Schwerpunkte, die du gehört hast, noch einmal zusammen. Darin findest du eine Trackliste, die dir einen Überblick über die Themen gibt und auf die entsprechenden Seiten im Booklet verweist. So findest du schnell den richtigen Track mit den Informationen, die du suchst. Und du kannst ganz gezielt nur die Themen auswählen, die gerade für dich wichtig sind.

Also, reinhören und alles verstehen!

Viel Spaß!

Werkgliederung

Szene	Überschrift	Handlungsverlauf
I,1	Hérault-Séchelles, einige Damen	Dantonisten versammeln sich, formulieren Erwartungen an Danton
I,2	Eine Gasse	Das Volk hungert
I,3	Der Jakobinerclub	Robespierre droht
I,4	Eine Gasse	Lage spitzt sich zu
I,5	Ein Zimmer	Danton fühlt sich sicher
I,6	Ein Zimmer	Aufeinandertreffen Danton-Robespierre
II,1	Ein Zimmer	Dantons Ablehnung politischer Aktionen
II,2	Eine Promenade	Soziales Elend
II,3	Ein Zimmer	Danton steht vor der Verhaftung
II,4	Freies Feld	Danton will nicht fliehen
II,5	Ein Zimmer	Danton plagt das Gewissen
II,6	Straße vor Dantons Haus	Danton wird verhaftet
II,7	Der Nationalkonvent	Reaktionen auf die Verhaftung Dantons
III,1	Das Luxemburg. Ein Saal mit Gefangenen	Philosophische Gespräche, Danton kommt an
III,2	Ein Zimmer	Die Intrige im Tribunal
III,3	Die Conciergerie	Danton zeigt sich verantwortlich
III,4	Das Revolutionstribunal	Wohlwollen des Publikums
III,5	Das Luxemburg. Ein Kerker	Wie kann Danton befreit werden?

Szene	Überschrift	Handlungsverlauf
III,6	Der Wohlfahrtsausschuss	Befreiungsplan wird ausgenützt
III,7	Die Conciergerie	Reflexion über den Tod
III,8	Die Conciergerie	St. Justs Intrige wird umgesetzt
III,9	Das Revolutionstribunal	St. Just und Robespierre klagen Danton an
III,10	Platz vor dem Justizpalast	Stimmung des Volkes gegen Danton
IV,1	Ein Zimmer	Julies will sterben
IV,2	Eine Straße	Dumas' Verrat an seiner Frau, Urteil
IV,3	Die Conciergerie	Nacht vor der Hinrichtung, Julies Botschaft, Luciles Angst
IV,4	Platz vor der Conciergerie	Luciles Fantasien und Wahnsinn
IV,5	Die Conciergerie	Dantonisten im Angesicht des Todes; Sinnlosigkeit des Leidens
IV,6	Ein Zimmer	Julies Freitod
IV,7	Der Revolutionsplatz	Hinrichtung der Dantonisten
IV,8	Eine Straße	Luciles verzweifelter Wahnsinn
IV,9	Der Revolutionsplatz	Lucile besiegelt ihr Schicksal

Vorgehen der Dialoge bei der Dramenanalyse

1. Kleine Inhaltsangabe des Aktes in Dialogform

↓

2. Danach erschließen sich beide Sprecher Schritt für Schritt die einzelnen Akte gemeinsam = Inhaltserörterung

↓

3. Es gibt einzelne Schwerpunkte, die man als Track ansteuern kann, so wird man chronologisch durch das Drama geführt

↓

4. Die Komposition, historische und philosophische Hintergründe werden besonders beleuchtet und thematisch abschließend nochmals aufgegriffen

Dantonisten, Robespierristen und das Volk

Die erste Szene zeigt Danton mit einigen Vertrauten des Nationalkonvents, seiner Frau Julie und weiteren Damen.
Die Diskussion der Herren geht um das weitere politische Vorgehen. Danton offenbart seine Distanz zu den Aktivitäten.

In der Szene I,2 wird ein Streit zwischen dem Bürger Simon und seiner Frau gezeigt, weil die Tochter sich prostituiert, um die Familie ernähren zu können.
Danach setzt eine Form von Lynchjustiz gegen verdächtige Bürger ein, bis Robespierre sich mit einer Rede an die Menge wendet.

Nach einer Zwischenszene (I,3), die dazu dient, den Deputierten Legendre vor dem Revolutionstribunal zu warnen, werden Danton und Lacroix in der Gesellschaft von Grisetten (Prostituierten) gezeigt.

Danton wird weiterhin bedrängt, sich mit Robespierre zu verständigen, so dass er ihn dann doch aufsucht. Dort prallen ihre gegensätzlichen Standpunkte unversöhnlich aufeinander.

Als Danton geht und Robespierre allein ist, kommt St. Just und bestärkt ihn, gegen Danton vorzugehen.

Die Exposition

TR. 03 Der erste Akt ist schon im besten Sinne eine Exposition: Auffällig sind die Bürgerszenen.

Einführung ...

- der Konfliktsituation, aus der die späteren Verwicklungen und folgenschweren Ereignisse entstehen.
- der Stimmung im Volk
- von Danton und Robespierre als zwei Protagonisten der Revolution.

Exposition

- vom lateinischen Wort *expositio abgeleitet*; wörtlich: Aussetzung oder übertragen: Darlegung

Danton – ein Epikureer?

TR. 04

Epikur

- Ist in der Antike schon mit seiner Lehre missverstanden worden.
- Viele Interpreten haben aus ihm einen Philosophen gemacht, der für Genusssucht und Eigenliebe steht.

Schon die Eingangsszene zeigt Danton, bezeichnenderweise abseits sitzend von den Spielenden (Spiel ist ein Verweis auf das abgekartete Spiel der Revolutionäre).

- Dantons führende Rolle zu Beginn der Revolution widerspricht dieser Behauptung.
- Seine Amouren, seine Lethargie und sein Zynismus sind die Reaktion eines Enttäuschten. Danton hat eingesehen, dass die Mittel der Revolutionäre falsch und inhuman sind.
  Sein Gewissen drückt ihn schwer wegen seiner Duldung der *Septembermorde*.

Danton ist kein sinnenfroher Genießer, sondern hat vielleicht nur die vage Utopie, ein Stückchen Glück in der privaten Distanzierung zu finden.

Inhaltliche Erörterung

Danton hat erkannt, dass er keine andere Möglichkeit des politischen Handelns in der gegenwärtigen Situation gibt. So verweigert er jede Aktivität, um seine distanzierte und individuelle Stellung zu behaupten.

Büchner zeigt Danton auf Distanz zu dem moralischen Robespierre.
Danton ist illusionslos geworden wegen der „Immergleichheit des Lebens". Seine Genussbereitschaft ist eine Attacke gegen die Moral Robespierres.

Danton, der Volksheld, kann sich nicht denken, dass der Wohlfahrtsausschuss gegen ihn vorgehen wird:

> Sie werden es nicht wagen. (II,1 S. 31)

Danton aber will sich individuelle Identität nicht rauben lassen, aber er versagt als Mensch der Öffentlichkeit und als Politiker, der sich nicht einfach ins Private flüchten kann.

⇨ Epikureismus bei Danton: Anpassungsverweigerung an die Automatismen und Mechanismen einer revolutionären Energie, die scheinbar nicht mehr zu stoppen ist. Die bloße Nützlichkeit für ein erstrebenswertes Ziel rechtfertigt noch nicht ein unmoralisches Handeln.

Dazu Georg Büchner aus einem Brief an Karl Gutzkow, Straßburg, Anfang Juni 1836:

> Das ganze Leben desselben besteht nur in Versuchen, sich die entsetzlichste Langeweile zu vertreiben. Sie mag aussterben, das ist das einzig Neue, was sie noch erleben kann.

Anmerkung: „Sie..." bedeutet die Gesellschaft

Robespierre – der Moralist

Moralist

- Ein Mensch, der gerne auf die moralische Verantwortung bei sich und den anderen verweist

Da Robespierre das eigentliche Anliegen der Revolution, die Verbesserung der sozialen Verhältnisse für das Volk nicht bewirken kann, macht er **das Mittel sozusagen zum Zweck, die Tat erhält ihren Wert in sich.**

Um somit einem solchen Aktivismus des Tötens eine Scheinlegitimation zu verschaffen, benutzt er das **Tugendideal.**

Robespierres Maxime

Die Tugend muss durch den Schrecken herrschen (I,6, S. 24)

bezieht sich auf die Erlöserfunktion (=selbsternannter Erlöser)

⇨ Robespierre ist durch seine politische Allmächtigkeit verführt.

Robespierre – ein Machiavellist?

TR. 06

Machiavelli

- Der politische Erfolg war entscheidend und rechtfertigte alle Mittel zum Erfolg.
- Hätte den politischen Selbstmord eines solchen Terrorregimes wie das von Robespierre weder gutgeheißen noch für klug erklärt.
- Entscheidend war, dass der Souverän den Schein des guten und besten Herrschers haben musste, er musste es nicht sein, er musste gut scheinen.

Die Waffe der Republik ist der Schrecken, die Kraft der Republik ist die Tugend.
(I,3 S. 15)

Die Unterdrücker der Menschheit bestrafen ist Gnade, ihnen verzeihen ist Barbarei.
⇨ Robespierre ist in seiner radikalsten Form ein Machiavellist
⇨ Robespierre ist ein Paradebeispiel für einen fanatischen Moralisten

Die Lage des einfachen Volkes

- Sehr realistische Darstellung des Volkes durch die Straßenszenen
- Hoffnung auf Besserung, Unzufriedenheit und große Not des Volkes werden sehr deutlich TR. 07
  = Reaktionen auf demagogische Verführungen

- Die Guillotine arbeitet wie zur Zeit Roms zu circensischen Zwecken: Volk wird abgelenkt von seinen eigentlichen Interessen. Es herrscht eine Kluft zwischen Reden und Handeln, zwischen den proklamierten Zielen der Revolutionsführer.

Köpfe statt Brod, Blut statt Wein. (III,10, S. 63)
⇨ Das Volk merkt langsam im Verlauf des Dramas, dass die Politik Robespierres ihm extrem schadet.

Inhaltliche Erörterung

Namen und Begriffe

TR. 08

Jakobiner

- radikal, benannt nach dem ursprünglichen Versammlungsort, dem Jakobskloster
- Jakobiner werden auch als Montagnards, übersetzt Bergpartei, bezeichnet, nahmen mit den Cordeliers die oberen Plätze im Parlament ein
- Georges Danton, Maximilian de Robespierre, Jean-Paul Marat, Joseph Fouché

Girondisten

- gemäßigt, benannt nach dem Departement Gironde, bei Bordeaux, aus dem sie kamen
- die Girondisten nahmen im Parlament die unteren Plätze ein (= Talpartei)
- junge Anwälte, Kaufleute; Anführer: Jacques Pierre Brissot

Cordeliers

- gemäßigt, Sektion der Jakobiner; der Name bedeutet „Strickträger" (Franziskaner), tagten im Franziskanerkloster
- Danton, Desmoulins, Fabre d'Églantine, Hérault de Séchelles, Marat
- Die Popularisierung des Mottos „Liberté, Égalité, Fraternité" wird ihnen zugeschrieben.

Dantonisten

- genannt die Nachsichtigen (frz. = indulgents); gemäßigte Abspaltung der Cordeliers.
- Mitglieder: Danton und Desmoulins als Führer der Dantonisten. Weitere Anhänger, die später als Dantonisten zum Tode verurteilt wurden: Fabre d'Églantine, François Chabot, Marie-Jean Hérault de Séchelles.
- Danton und Desmoulins wurden aus dem Club der Cordeliers geworfen, weil sie den Terror beenden wollten.

Hébertisten

- Anhänger von Jacques René Hébert, Publizist; z. B. Chaumette
- gehörten zu den radikalsten Revolutionären. Gruppe antiklerikaler und sozialrevolutionärer Cordeliers
- wollten das Christentum abschaffen, unter Einführung des Kultus der Vernunft. Weil er dem Gemeinderat von Paris die Macht vor dem Wohlfahrtsausschuss zubilligen wollte, kam er unter Anklage Robespierres.

Sansculotten

- wörtlich übersetzt „Ohnehosen"
- Bezeichnung für Pariser Bürger und Kleinbürger. Sie trugen lange Hosen, d.h. „pantalons", keine Kniehosen (culottes) wie der Adel
- unterstützten die Jakobiner, die lange Hosen zur Statusbekleidung machten

Decemvirn

- die zehn Mitglieder des Wohlfahrtsausschusses
- Sie sehen sich in der Tradition der römischen Republik, wo ein Ausschuss von zehn Männern das Zwölftafelgesetz für Rom aufstellte.

> Sie möchten uns zu Antediluvianern machen. St. Just sähe es nicht ungern, wenn wir wieder auf allen Vieren kröchen, damit uns der Advokat von Arras nach der Mechanik des Genfer Uhrmachers Fallhütchen, Schulbände und einen Herrgott erfände. (I,1 S. 6)

Als **Antediluvianer** werden altertümliche, „vorsintflutliche" Menschen bezeichnet.
Mit dem **Advokaten** von Arras ist Robespierre gemeint.
Uhrmacher = Rousseau, der Sohn eines Uhrmachers

Fatalismus und Resignation

TR. 09

Die Vertrauten Dantons bedrängen ihn in der ersten Szene, nun endlich zu handeln, aber er bleibt distanziert, weil ihm alles nutzlos erscheint. Dann erlebt man eine Szene auf der Promenade mit dem Gesprächsaustausch verschiedener Bürger, darunter auch Danton und Camille. In der Folgeszene mit Danton, Camille und dessen Frau Lucile hört Danton von seinem Verhaftungsbeschluss. Er scheint zunächst fliehen zu wollen, um dann umzukehren. In der folgenden Nachtszene denkt Danton an die Septembermorde und teilt seine Gedanken mit Julie. Dann dringen Simon und Bürgersoldaten in Dantons Haus ein, er wird verhaftet. Vor dem Nationalkonvent stellt Legendre den Antrag, dass Danton vor dem Konvent gehört werden müsste, was Robespierre und St. Just in demagogischen Reden vereiteln, weil sie den Einfluss seiner Persönlichkeit befürchten müssen, wenn er vor dem Konvent gehört wird.

Danton steht vor der Verhaftung

Wozu sollen wir Menschen miteinander kämpfen?

Ich will lieber guillotiniert werden als guillotinieren lassen. (II,1 S. 30)

TR. 10

⇨ Danton ist hier eigenartig apathisch und auch fatalistisch.

Die Könige waren noch vierzig Stunden von Paris [...]

Wir konnten den Feind nicht im Rücken lassen [...]
Das war Notwehr, wir mussten. (II,5 S. 39)

⇨ Zu einem großen Teil hat er Gewissensbisse hinsichtlich der Septembermorde, die ihn nicht nur belehrt haben, dass das Vorgehen der Revolutionäre Unrecht war. Er versucht in der Szene mit Julie die Rechtfertigung, die ihm nicht gelingen will: Aber er weiß, dass das alles eine solche Gewalttat nicht rechtfertigt.

Die Septembermorde

Hintergründe

TR. II

Aufgrund eines Gerüchts, dass royalistische Truppen vor Paris stünden und Rache an allen Revolutionären üben wollten, hat Anfang September 1792 eine aufgehetzte Menge über 1200 Gefangene vornehmlich royalistischer Gesinnung in den Gefängnissen umgebracht, ein schrecklicher Gewaltakt eines Mobs.
Danton hat zwar die Menge mit dieser Direktive nicht aufgewiegelt, aber nichts getan, um dem Treiben Einhalt zu gebieten.

Auf der Promenade

Auf den Promenaden flanieren neben dem Adel und wohlhabenden Bürgern nun auch „Herrschaften“ wie Grisetten und Soldaten.

⇨ Egalität im Stadtbild

Dynamik im Handlungsfortgang

In diesem zweiten Akt kommt es zu einem beträchtlichen Tempo in der dramatischen Handlungsabfolge.
Im Kontrast dazu entscheidet sich Danton aber endgültig zur Passivität.

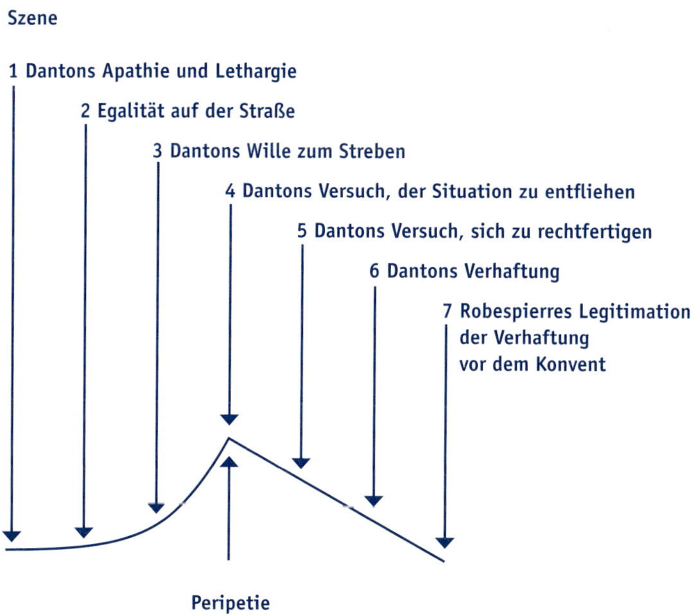
Szene
1 Dantons Apathie und Lethargie
2 Egalität auf der Straße
3 Dantons Wille zum Streben
4 Dantons Versuch, der Situation zu entfliehen
5 Dantons Versuch, sich zu rechtfertigen
6 Dantons Verhaftung
7 Robespierres Legitimation der Verhaftung vor dem Konvent
Peripetie

Büchners Kunstauffassung

Camille im Gespräch mit Danton

TR. 12

Schnitzt einer eine Marionette, [...] deren Gelenke bei jedem Schritt in fünffüßigen Jamben krachen – welch ein Charakter, welche Konsequenz. (II,3 S. 35)

⇨ Rein artifizielle Kunst („fünffüßige Jamben") reicht nicht aus, um Anspruch auf ein wahres Kunstwerk zu liefern.

Setzt die Leute aus dem Theater auf die Gasse: die erbärmliche Wirklichkeit! (II,3 S. 35)

⇨ Ganz ähnlich greift Camille den Idealismus an, der dabei die Realität verspielt:

Camilles Kritik am Barbarischen

Er beklagt, dass die Gemordeten des September „kaltblütig" gemalt worden sind.
Er nennt den Maler David namentlich, von dem ein berühmt gewordenes Gemälde „Der Tod Marats" stammt.

Die Gefühllosigkeit gegenüber dem so genannten Kunstgegenstand erscheint ihm offenbar genauso unangemessen wie die Idealisierung.

Derbe Sprache: Derbe, häufig sexuell geprägte Sprache in der Szene „Straße vor Dantons Haus", wo z. B. ein Bürger von den Perpendikeln spricht, die unter der Bettdecke ausschlagen
Leidensszenen: Leidenszenen hingegen werden niemals ausgespielt, etwa eine Folterung beschrieben oder der Vorgang einer Lynchjustiz gezeigt (Unterschied zum Naturalismus)
Originalzitate: Historische Realität wird deutlich, wenn St. Just oder Robespierre in Originalzitaten (historische Reden) sprechen.

Büchners Briefe an die Familie

Büchner hat sich mehrmals zu seiner Kunstauffassung geäußert, so etwa in einem Brief vom Juli 1835 an seine Familie:

„Wenn man mir übrigens noch sagen wollte, der Dichter müsse die Welt nicht zeigen, wie sie ist, sondern wie sie sein solle, so antworte ich, dass ich es nicht besser machen will als der liebe Gott, der die Welt gewiss gemacht hat, wie sie sein soll. Was noch die sogenannten Idealdichter anbetrifft, so finde ich, dass sie fast nichts als Marionetten mit himmelblauen Nasen und affektiertem Pathos, aber nicht Menschen von Fleisch und Blut gegeben haben, deren Leid und Freude mich mitempfinden macht und deren Tun und Handeln mir Abscheu oder Bewunderung einflößt. Mit einem Wort, ich halte viel auf Goethe oder Shakespeare, aber sehr wenig auf Schiller."

Weitere thematische Aspekte

- Aspekte der Wiederkehr „des immer Gleichen in der Geschichte", der Nutzlosigkeit vieler Anstrengungen
- Büchner will das Leben ungeschminkt zeigen, sowohl in den krassen Äußerungen der Leidenschaft als auch im manchmal triebhaften Verhalten der Menschen
- Moral darf niemals ein Kunstwerk dominieren = Ziel der Aufklärung

Inhaltliche Erörterung

- Intention = Einfühlung, Leser soll mitempfinden; positive und negative Identifikation
- Gegenstand = realistische Entwürfe des Menschen/der Gesellschaft („Menschen von Fleisch und Blut")
- Verhältnis zur Wirklichkeit = Aufwertung, der Mensch als Maßstab
- Verhältnis zur idealistischen Kunst: = Abgrenzung, Gegensatz: *„Marionetten mit himmelblauen Nasen und affektiertem Pathos"*
- Sprache = wirklichkeitsnah, manchmal obszön (s. Büchners Sprache)

Zusammenfassung

⇨ Büchner vertritt die Positionen des Realismus, für ihn gibt es keine moralische Schönfärberei wie z. B. im Idealismus

⇨ Büchner enthält sich jeder Wertung

Namen und Ereignisse

TR 13

Republikanischer Kalender (Französischer Revolutionskalender)
Das Jahr begann mit dem astronomischen Herbstanfang und bestand aus 12 Monaten à 30 Tagen sowie 5 (bzw. 6) Übergangstagen (= Sansculottiden).

22. September bis 21. Oktober:	**Vendémiaire**	von frz. vendange = Weinlese
22. Oktober bis 20. November:	**Brumaire**	von frz. brume = Nebel
21. November bis 20. Dezember:	**Frimaire**	von frz. frimas = gefrierender Nebel
21. Dezember bis 19. Januar:	**Nivôse**	von lat. nix = Schnee
20. Januar bis 18. Februar:	**Pluviôse**	von lat. pluvia = Regen
19. Februar bis 20. März:	**Ventôse**	von frz. vent = Wind
21. März bis 19. April:	**Germinal**	von frz. germer = keimen
20. April bis 19. Mai:	**Floréal**	von frz. floral = Blume
20. Mai bis 18. Juni:	**Prairial**	von frz. prairie = Wiese
19. Juni bis 18. Juli:	**Messidor**	von lat. messis = Ernte
19. Juli bis 17. August:	**Thermidor**	von gr. thermos = Wärme
18. August bis 16. September:	**Fructidor**	von frz. fructueux = fruchttragend

Inhaltsangabe

Vor dem Revolutionstribunal

TR. 14

Der 3. Akt beginnt mit der Szene im Luxemburg, einem Pariser Schloss. Die Revolutionäre haben aus dem Schloss ein Gefängnis gemacht.
Büchner lässt in diesem Akt die Gefangenen über Fragen der Religion und Philosophie diskutieren. Es geht z. B. um die Frage, ob es Gott gibt oder nicht. Danton ist in der Zwischenzeit verhaftet worden und wird dem Revolutionstribunal vorgeführt. Er tritt sehr selbstsicher auf und die Stimmung des Volkes wendet sich anfangs zu seinen Gunsten. Die Tribunalsitzung muss verschoben werden. Doch Danton wird denunziert von einem anderen Gefangenen. Angeblich soll er an einem Komplott teilgenommen haben. So kommt es, dass Robespierre, durch seine Beredtheit die Stimmung umschlagen lässt. Es kommt zu einem schnellen Prozess, in welchem Danton zum Tode verurteilt wird.

Der Stimmungswandel im Volk

Im 3. Akt wechseln Szenen, in denen die Gefangenen auftreten, mit Szenen von Mitgliedern des Wohlfahrtsausschusses. In III,9 spricht dann Danton vor dem Revolutionstribunal. Er klagt Robespierre und St. Just des Hochverrats an.

TR. 15

In III,10 tritt dann schließlich das Volk auf und stellt sich zunächst auf Dantons Seite, doch dann ändert sich die Stimmung und das Volk ist plötzlich gegen Danton.

Es lebe Danton, nieder mit den Decemvirn! (III,9 S. 63)

↕

Danton hat schöne Kleider, Danton hat ein schönes Haus, hat eine schöne Frau [...]
Es lebe Robespierre. Nieder mit Danton! (III,9 S. 64)

Danton vor dem Revolutionstribunal

TR. 16

Das Revolutionstribunal schafft es, Danton zu verurteilen.
Die Geschworenen werden ausgewechselt und die Verhandlung wird vor dem Revolutionstribunal unterbrochen. Die gesamte Anklage ist äußerst fragwürdig, die treibende Kraft ist hier St. Just, der Angst vor Danton hat. Viele Revolutionäre haben Angst vor ihm. Diese Szene eignet sich sehr gut für eine politische Analyse, weil die unterschiedlichen Positionen der Revolutionäre so deutlich werden.

Danton bereut es, dass er das Revolutionstribunal geschaffen hat und er bittet in III,3 um Vergebung dafür. Hier wird sehr schön klar, dass die Revolutionäre die Folgen ihres Tuns nicht abschätzen konnten.

Die (Nicht-)Existenz Gottes

TR. 17

In der ersten Szene, bevor Danton eintrifft, wird unter den Gefangen diskutiert, ob es einen Gott gibt oder nicht.

Der Rationalist Payne soll die Nichtexistenz Gottes beweisen. Er streitet sich mit Mercier und Chaumette.

Paynes Sicht

- Existenz Schöpfergott (Zeitpunkt) – Gott als ewiges Wesen (Ewigkeit) } unvereinbar

- Leid der Menschen ist der stärkste Beweis für die Nichtexistenz Gottes

Merciers Sicht

- Schöpfung kann auch ewig sein

- Die Welt ist unvollkommen

Das Nichts

Dantons Haltung ist nihilistisch geprägt. Er glaubt nicht an die Erfüllung im Jenseits.

TR. 18

Definition: Nihilismus (lat. nihil = nichts) ist die Verneinung jeglicher Seins-, Erkenntnis-, Wert- und Gesellschaftsordnung

Eine erbauliche Aussicht! Von einem Misthaufen auf den anderen. (III,7 S. 60)
⇨ Leben und Tod sind nur graduell verschieden

Das Nichts ist der zu gebährende Weltgott! (IV,6 S. 73)
⇨ eine göttliche Ordnung wird negiert, der Schöpfer ist das Nichts

Das Nichts hat sich ermordet, die Schöpfung ist eine Wunde, wir sind seine Blutstropfen, die Welt ist das Grab, worin es fault. (III,7 S. 61)
⇨ Die Vernichtung des Nichts erschafft etwas

Scheinbarer Widerspruch: Etwas kann nicht zu nichts werden. (III,7 S. 61)

Das Nichts ist ein wesentlicher Bezugspunkt für Danton, es verleiht ihm Ruhe. Er kann nicht im Nichts enden, denn er weiß: „Ich bin etwas. Das ist der Jammer". Deshalb kommt es ihm auf den gelebten Augenblick an. Sein scheinbarer Nihilismus wird durch seine epikureische Haltung zurückgewiesen.

Zum Tode verurteilt

TR. 19

Danton und seine Anhänger werden zum Tode verurteilt. Sein Freund Camille unterhält sich intensiv am Anfang des 4. Akts mit Danton über das Leben und auch den Tod. Seine Frau nimmt sich das Leben, sie vergiftet sich. Vorher lässt sie Danton die Botschaft zukommen, dass sie ihn in den Tod begleiten wird. Das Volk verspottet jetzt Danton:

> *He Danton, Du kannst jetzt*
> *mit den Würmern Unzucht treiben."* (IV,7 S. 74)

Lucile verfällt dem Wahnsinn, als sie Camille auf dem Schafott sieht. Sie ist so verzweifelt, dass sie ruft: „Es lebe der König" und wird abgeführt.

Die Sonnenmetapher verknüpft an dieser Stelle Julies Freitod mit der Hinrichtung Dantons:

> *Die Sonne ist hinunter. (...)*
> *Wie schön das Abendlicht ihr um Stirn und Wangen spielt.* (IV,6 S. 73)

Büchner verknüpft also thematisch die Szenen miteinander, indem die Sonnenmetapher sozusagen schon auf die nächste Szene verweist.

Julies Gifttod

Julies tragischer Tod verdeutlicht das Schicksal der Frauen. Er ist ein starker Kontrast zu den übrigen Szenen. Sie stirbt beinahe einen Heldentod.

Die intensiven Empfindungen der Frauen sollen dargestellt werden, nicht zuletzt ihre große Liebe zu ihren Männern.

> Die Sonne ist hinunter. Der Erde Züge waren so scharf in ihrem Licht, doch jetzt ist ihr Gesicht so still und ernst wie einer Sterbenden. (IV,6 S. 73)
> ⇨ Julie stirbt einen privaten, von niemandem registrierten Tod.

> Ich gehe leise … (IV,6 S. 74)
> ⇨ Ihr Tod zeigt einen heldischen Gestus

Inhaltliche Erörterung

Luciles Verzweiflungstat

TR. 21

Ihr Leiden steht in einem deutlichen Kontrast zu dem distanzierten Blick der gaffenden Weiber in IV,8, auch zu der heiteren Stimmung der Henker in der darauffolgenden Szene (IV,9).

Die Henker gehen friedlich nach Hause, während Lucile in ihrem Leiden selbst den Tod sucht.

Lucile verfällt in einen Wahnsinn.

Wahnsinn ist ihre einzige verbleibende Verweigerungsform gegen die unmenschliche Wirklichkeit.

Die rätselhaft gewordene Realität bietet keinen Sinn mehr für sie.

Die Wirklichkeit im wörtlichen Sinne verrückt, verstellt, entwurzelt.

> Höre Camille. Du machst mich lachen mit dem langen Steinrock und der eisernen Maske vor dem Gesicht. Kannst du dich nicht bücken? Wo sind deine Arme?
>
> (IV,4 S. 69)
>
> ⇨ **Deutung:** Die Wand und das Gitter des Kerkers („Steinrock") haben sich zwischen beide gestellt, die Person Camilles ist nun gewaltsam entfremdet.

Die Welt ist das Chaos

- Camille denkt fortwährend an seine Lucile, er ist krank vor Liebe und Schmerz

TR.22

- Camille nimmt zur Lektüre die „Nachtgedanken“ von Edward Young (1683-1765) = Leben und Tod werden dort in empfindsamer Weise behandelt
  Danton hingegen nimmt die „Pucelle“ von Voltaire, in dem er seinen Spott über die Wundergläubigkeit der Zeitgenossen ausgießt.

- Mehrmals sind Volkslieder eingeblendet, die auch entweder so etwas wie Heimeligkeit ausdrücken oder Volksfrömmigkeit = Erzeugung von Endzeitstimmung

- Einmal singt Lucile:

  Es stehn zwei Sternlein an dem Himmel, scheinen heller als der Mond, …
  (IV,4 S. 69)

- Auszug aus der letzten Szene:

  Es ist ein Schnitter, der heißt Tod (IV,9, S. 76),

  aus dem Volkslied aus der Romantiksammlung „Des Knaben Wunderhorn“

  ⇨ **Mögliche Deutung:** angenehme und vertraute Erinnerungen aus einer Lebenszeit ausmachen, welche besser sind als das entsetzliche Jetzt, das unerträglich zu werden scheint.

Analyse und Interpretation

Die wichtigsten und auffälligsten Charakterzüge der Personen sollen im Folgenden noch einmal zusammengefasst werden. Vieles erfährt man schon durch die Inhaltserörterungen auf der CD, wo die Figuren durch direkte oder indirekte Charakterisierung schon kurz beschrieben werden.

Zur Wiederholung der Terminologie:

Direkte Charakterisierung	Andere Charaktere des Werks oder die Figur selbst bzw. der Erzähler machen Aussagen über die entsprechende Figur und charakterisieren sie somit direkt.

Indirekte Charakterisierung	Die Romanfiguren charakterisieren sich durch Gesprächsinhalte oder die Art und Weise ihres Sprechens und Handelns indirekt selbst. Der Leser muss die Wesenszüge der jeweiligen Romanfiguren selbst erschließen.

Danton

TR. 23

- **Danton** verhält sich häufig sehr passiv und distanziert. Nur in den Prozessen vor dem Revolutionstribunal zeigt er noch Reste seines revolutionären Elans.

- Die Person erscheint freundlich, offen und gefühlsbetont.
  ⇨ sympathisch

- **Der Leser** erlebt ihn auch als eine private Person mit privat-existentiellen Problemen.

- Nihilismus zeigt sich nur angesichts des Todes, und epikureische Züge offenbart Danton nur in den ersten beiden Akten:

  Wir sollten uns nebeneinander setzen und Ruhe haben. (II,1 S. 30)
  ⇨ Hier klingt Dantons **Epikureismus** an, nachdem die Ruhe, als Ruhe der Seele, das Ziel eines glücklichen Lebens ist. Er sehnt sich nach der Auflösung im Nichts.

  Er ist ein Suchender, ein Zweifler, der häufig zynisch reagiert, weil es sich über das Unzeitgemäße, auch wohl Widersprüchliche seines Tuns bewusst ist.

Robespierre

TR. 24

- **Robespierre** ist das totale Pendant zu Danton.
  Durch geschicktes Agieren und mit demagogischen Reden wirbt er um die Gunst des Volkes.

- Seine Argumentation: Danton ist lasterhaft und ein politischer Verbrecher.
  Das Laster ist ein Verbrechen und war früher eine typisches Merkmal des Adels.

- Er fällt durch einen Aktivismus und durch die Betonung seiner **Tugendideologie** auf.

- Robespierre beruft sich auf Rousseau und glaubt an ein erkennbares Ziel in der Geschichte. Dieses Ziel verpflichtet ihn zu **zielstrebigem Handeln**.

- Hierin liegt aber die Gefahr der Selbstverblendung; denn Robespierre rechtfertigt seine Gewaltherrschaft (**terreur**) mit dem Hinweis und den Glauben an die Rückkehr zu einem natürlichen Staat, der die freiheitlichen Rechte garantieren soll.
  Hierfür sind ihm alle Mittel recht.

  Das Laster muss bestraft werden, die Tugend muss durch den Schrecken herrschen.
  (I,6 S. 24)

Camille und St. Just

Camille

- Camilles Schicksal trägt tragische Züge. Er bejaht die Liebe und die Schönheit, ist ein Kunstliebhaber (besonders liebt er alles Griechische).
- Er kämpft voller Überzeugung für die Ideale von Freiheit, Selbstverwirklichung, Schönheit und Lebensfreude.
- Camille sehnt sich nach dem Leben, und seine Frau Lucile ist für ihn so etwas wie der Inbegriff der Lebensschönheit.
- Humanste Position im Drama, weil er das Recht des Einzelnen und die Möglichkeit zu leben ständig betont.
- Camille geht wirklich als Einziger mit seinem berechtigten Glauben unverdientermaßen unter.

TR.25

St. Just

- St. Just ist der Chefideologe des Jakobinertums. In seiner Konventsrede rechtfertigt er den Terror mit dem Ziel der Erneuerung der Menschheit.
- Er ist völlig gewissenlos und drückt sich in einem sehr objektiv-kühlen Stil aus.
- Einzelschicksale interessieren ihn nicht. Er geht grausam und entschlossen vor.

> Es scheint in dieser Versammlung einige empfindliche Ohren zu geben, die das Wort Blut nicht wohl vertragen können. (II,7 S. 43)

> Wir haben weder das Rote Meer, noch die Wüste, aber wir haben den Krieg und die Guillotine (II,7 S. 45)

TR. 26

Die Charakterisierung weiterer Figurengruppen

Die Anhänger Dantons

Geschlossene Gruppe

Lacroix	Philippeau	Hérault
der Rationalste, völlig illusionslos, zynisch	ehrlich, naiv und fromm	aristokratenhaft, aber leichtfertig, schließlich von beeindruckender Menschlichkeit

⇨ Diese Männer um Danton sind als Freunde zu bezeichnen.

Bei einer Charakterisierung der Figurengruppen gilt es immer zu beachten:

- Verändern sich die Charaktere im Verlauf des Dramas oder sind sie statisch gezeichnet?
- Ist es eine direkte oder indirekte Charakterisierung?

Die Anhänger Robespierres

Die **Robespierristen** sind sehr uneinheitlich und teilweise kaum zu unterscheiden.

St. Just
- Dogmatiker der reinen Lehre
- Technokrat der Macht

Barrère
- verurteilt seine Kollegen
- bleibt letztendlich schwach
- kann sich nicht durchsetzen

Ab dem 3. Akt aber werden die Robespierristen in Form des Revolutionstribunals und des Wohlfahrtsausschusses unterscheidbar. Aus egoistischen Gründen wird das Fähnlein nach dem politischen Wind gehängt.

Das Volk

- Das Volk wird sehr realistisch dargestellt, nichts wird beschönigt.
- Widersprüchlichkeit und Fragwürdigkeit des Volkes wird gezeigt: **keine Idealisierung**
- Die materielle Not des Volkes ist überhaupt die Voraussetzung für den Konflikt.
- Das Volk muss erst durch Agitation und Demagogie gewonnen werden und zeigt häufig unterschiedliche Reaktionen.
- Leicht manipulierbar („Beifall und verwirrtes Geschrei")
- Handelt aus dem Moment heraus, ohne über Konsequenzen nachzudenken (Septembermorde)
- Sprachregelung: Manche Bürger geben sich römische Namen (=lächerlich)
- Denunziantentum (4. Akt); Dumas denunziert seine eigene Frau. (IV,2)

Die Frauen

- **Lucile** ist, passend zu Camille, eine poetische Gestalt durch ihre seelische Intensität.
- Ihr Leiden demonstriert die Sinnlosigkeit des Geschehens
- **Julie** hingegen ist gefasst, wirkt sicher und von innerer Stärke geprägt;
  sie ist Dantons Halt und wirkt im Vergleich sehr ausgeglichen.
- Lyrische Passagen der beiden Frauen verweisen auf den Einfluss der Romantik.

Zur Sprache und Rhetorik der Figuren

TR. 27

Bilder und Metaphern	Morgen bist du eine zerbrochene Fiedel! Die Melodie darauf ist ausgespielt. Morgen bist du eine leere Bouteille; der Wein ist ausgetrunken. (IV,3 S. 67) Morgen bist du eine durchgerutschte Hose; du wirst in die Garderobe geworfen. (IV,3 S. 67)

⇨ Das sind alles Bilder für eine erledigte Existenz

Vergleiche	Ich will mich aus dem Leben nicht wie aus dem Betstuhl wegschleichen. (IV,3 S. 68)
Kraftausdrücke und derbe Sprache	Sind wir wie Ferkel, die man für fürstliche Tafeln mit Ruten totpeitscht, damit ihr Fleisch schmackhafter werde? (IV,6 S. 73)
Anaphern	Morgen bist du. Morgen bist du … (IV,3 S. 67)
Steigerungstechnik/Klimax	in den Reden von St. Just und Robespierre im zweiten Akt

Analyse und Interpretation

Die politische Rede im Fokus der Analyse
Beispiel: Die Rhetorik Dantons

Sprachliche Mittel	Funktion / Beispiel
Rhetorische Frage	Antwort ist bereits in der Frage enthalten; Zuschauer glaubt, er solle selbst eine Antwort finden
Hyperbel/Pathos	Ruft starke Emotionen beim Zuhörer hervor, kann beeindrucken
Anapher/Reihung/Parallelismus	Verstärkende Wirkung, ins Bewusstsein eindringend, z. B. durch Satzbauwiederholung
Anrede („elende Widersacher")	Kontrahenten werden rhetorisch abgewertet = eigene Aufwertung
Wiederholungstechnik	„Komm! Komm!" (Lucile vor der Conciergerie)
Emphatischen Ausrufe	Simon: „Wir müssen hinauf! Fort, Bürger! (…)Tot oder lebendig (…) Der Freiheit eine Gasse!"

⇨ Die Sprache ist insgesamt stark rhetorisiert, aber auch gefühlsbetont.

⇨ Mythologischen Anspielungen entstammen dem Fundus gelehrsamer Leute, aber jede Szene ist bestimmt durch emotionale Erregungen und Kontraste
⇨ **Deutung:** Jede Form der Sprache versagt prinzipiell in ihrer Deutungsfunktion

Beachte: Es geht bei der politischen Rede darum, den Zuhörer zu überzeugen. Auch Danton argumentiert häufig zu emotional (populistisch), ohne das differenzierte Sachargument zu verfolgen!

Büchners Sprache anhand der Figuren in „Dantons Tod“

Robespierre →	Sprache des Demagogen
St. Just →	Sprache des Dogmatikers
Danton →	Sprache des Revolutionärs und Zweiflers
Camille →	Sprache des Schöngeists und Mahners
Lucile und Julie →	Sprache der Liebe

Die historische Grundlage

TR. 28 Die historische Grundlage sind Quellen und Ereignisse der Französischen Revolution. Besonders betrachtet wird der Zeitraum vom 24. März bis zum 5. April 1794

Es herrscht Feindschaft zwischen den politischen Gruppierungen:

Die **Girondisten** – eine eher gemäßigte Partei, auch Talpartei genannt, möchte mit dem König zusammenarbeiten

⟷

Die **Jakobiner** – auch Bergpartei genannt – wollen auf radikale Art eine neue Republik schaffen. Ihre Führer sind Robespierre, Marat und Danton.

Danton gehört einer Sektion der Jakobiner an, den **Cordeliers**.
Zu den Cordelieres gehören auch Hebert, Desmoulins und Chaumette.

Hebert möchte das Eigentum und die Religion abschaffen. Der Kultus der Vernunft soll regieren. Er wird verhaftet und später hingerichtet.

Robespierre führt die Schreckensherrschaft ein: **Terreur**

Septembermorde

- Girondisten versuchen den König zu verhaften und die Septembermorde aufzuhalten, doch sie scheitern.
- Danton (als Justizminister) lässt die Septembermorde zu.
- Danton hat den Wohlfahrtsausschuss gegründet = Exekutive
- Das Revolutionstribunal urteilt im Namen des Ausschusses: nur Freiheit oder Tod

Weitere Ereignisse

- Hungersnot, Krieg gegen Preußen und Österreich, zahlreiche Aufstände
- Danton wird als Justizminister abgesetzt und Robespierre kann so die Gewalt durchsetzen.
- Danton auch in Korruptionsaffäre verwickelt, wird verhaftet und später hingerichtet

TR. 29

Büchners politische Auffassung

Diese wird am deutlichsten in seinen *Briefen an die Familie* und im *Hessischen Landboten.*

Hauptthesen

- Konkrete Darstellung der schlechten sozialen Verhältnisse
- Befürwortung einer Neuordnung von „unten" = die Gesellschaft ist nicht von der gebildeten Schicht aus zu reformieren
- Bekenntnis zur Gewalt (Büchner ein Terrorist?, Gefahr für die Staatsgewalt?)
- Kampf gegen das bestehende (ungerechte) Gesetz
- Abrechnung mit der herrschenden Klasse

Büchners Menschenbild

- Der arme Mensch kann nichts dafür, dass er arm ist.
- Gleiche Voraussetzungen garantieren gleiche Lebensentwürfe.
- Bildung ist eine lächerliche Äußerlichkeit (= Absage an die gebildete Schicht, die Verachtung für zeigt für die Ungebildeten).

⇨ Prägen den Gedanken für einen Umsturz

Georg Büchner – Revolutionär oder Terrorist?

Büchner wollte eine gesellschaftliche Neuordnung. Die bestehenden Gesetze empfand er als ungerecht und falsch.
Im *Hessischen Landboten* fordert er deshalb die unterdrückte Bevölkerung zu Waffengewalt gegen die herrschende Klasse auf:

⇨ „Friede den Hütten, Krieg den Palästen"

Parallelen zum Terrorismus des 20./21. Jahrhunderts

1. Aufforderung zu Waffengewalt = Verstoß gegen herrschendes Recht
2. Umsturzgedanken schriftlich formuliert
3. Argumentation mit Hilfe religiöser Autoritäten
4. Aufruf zum Widerstand
5. Verstoß gegen den Rechtsstaat (aus damaliger Sicht war der Führungsanspruch des Monarchen rechtens und sogar gottgegeben)

Problematisierung

- Heutiger Rechtsstaat/Demokratie – Monarchie/Absolutismus
- Ist Gewalt überhaupt zu rechtfertigen?
- Rückblickend betrachtet war der Aufruf rechtens und notwendig
- Vergleich: Al Kaida/**R**ote **A**rmee **F**raktion - Büchner

Biografie und Werke Georg Büchners

TR. 30

- Büchner hat von 1813 bis 1837 gelebt.
- 17. Oktober 1813 in Goddelau im Großherzogtum Hessen-Darmstadt geboren
- 19. Februar 1837 in Zürich gestorben
- Sein Vater war ein Amtschirurg.
- Büchner studierte ab 1831 in Straßburg und später in Gießen die Fächer Naturwissenschaften, Medizin und Philosophie.
- In Gießen beschäftigte er sich intensiv mit der Geschichte der Französischen Revolution und er begann sich politisch zu engagieren.
- Büchner gründete die „Giessener Gesellschaft für Menschenrechte", in der er auch den „Hessischen Landboten" veröffentlichte.
- Butzbacher Pfarrer Weidig half ihm bei Publikation, aber er musste die Flugschrift entschärfen.
- Büchner war sehr aktiv in der Opposition in Oberhessen.
- Er wollte demokratisches Gedankengut einführen und verfolgte intensiv seine sozialrevolutionären Ideale.
- Rückkehr nach Darmstadt. Dort begann Büchner „Dantons Tod" zu schreiben: Starker Einfluss durch Rosseau und Spinoza, politisch sehr aktiv
- Büchner muss nach Straßburg und dann weiter nach Zürich fliehen und wird steckbrieflich gesucht.
- Privatdozent für Medizin an der Universität in Zürich, 1836 noch promoviert. Die Professur blieb ihm aber verwehrt.
- Werke: „Lenz", „Woyzeck", „Leonce und Lena", „Dantons Tod", Aufsätze, Rede, Gedichte

Epikureertum und Nihilismus

- **Dantons** merkwürdig passive Haltung zum revolutionären Geschehen (Epikureertum)

TR. 31

- Realistische Darstellung Dantons in seinem Lebensumfeld
- Danton resigniert, wird zum fatalistischen Zuschauer des Geschehens, behauptet nur im privaten Bereich verzweifelt seine Individualität, obwohl ihm alles offenbar sinnlos geworden ist.
- Eine nihilistische Einstellung rechtfertigt alle politischen Tendenzen, die guten und die schlechten, weil letztlich der Egoismus dominiert.

  Sie wollen meinen Kopf; meinetwegen. Ich bin der Hudeleien überdrüssig. Mögen sie ihn nehmen. Was liegt daran? (II,3 S. 36)

- Das Leben des Epikureers ist so angelegt, dass man im Leben nur eine Rolle spielt. Danton spielt die Rolle des Epikureers, um so das Leben annehmen zu können.
- Besonders deutlich wird dies kurz vor seiner Hinrichtung:

  Die einen waren so gut Epikureer wie die anderen. Sie machten sich ein ganz behagliches Selbstgefühl zurecht. (IV,5 S. 72)

Der „Fatalismus der Geschichte"

TR. 32

Danton ist verzweifelt über den ewig gleichen Fortgang der gesellschaftlichen Entwicklung. Was in der Vergangenheit geschehen ist, wiederholt sich in der Gegenwart. Den Menschen ist es nicht möglich, lenkend einzugreifen.
Büchner denkt dabei übrigens nicht nur an die Französische Revolution, sondern auch an die wenige Jahre zurückliegende Julirevolution in Frankreich, welche das nicht erbracht hatte, was viele ersehnten.

> Ich studierte die Geschichte der Revolution. Ich fühlte mich wie zernichtet unter dem grässlichen Fatalismus der Geschichte. [...] Der Einzelne nur Schaum auf der Welt, die Größe ein bloßer Zufall, die Herrschaft des Genies ein Puppenspiel, ein lächerliches Ringen gegen ein ehernes Gesetz, es zu erkennen das Höchste, es zu beherrschen unmöglich. (Brief an seine Braut, März 1834)

Man lernt aus so einem Stück wie „Dantons Tod" nicht nur, wie unterschiedlich Menschen eine Lage beurteilen können, wie zufällig manchmal geschichtsmächtige Entscheidungen getroffen werden, sondern auch, wie irreführend politisch-moralische Parolen sein können.

Büchners dramentheoretische Position

TR. 33

Themen

- Dantons scheinbarer Epikureismus
- Seine Resignation vor dem Ablauf der Geschichte (Geschichtsdeterminismus)
- Die Einsicht darin, wie beschränkt die menschlichen Möglichkeiten sind, eine humane Entwicklung wirklich geschichtsmächtig einzuleiten

Form

- Ständige Szenenwechsel, Szenen sind häufig austauschbar
- Offene Form des Dramas, Loslösung vom klassischen 5-Akter
- Keine Idealisierung der Zustände, sondern konkrete Schilderung der Geschehnisse
- Originalzitate, Montagetechnik

Bauform des Dramas: öffentlicher und privater Raum

TR. 34

Privaträume dienen der politischen Diskussion und dem Vergnügen ⟷ **Öffentliche Räume** dienen der politischen Aktion und der gesellschaftlichen Realität

Privater Raum

- Die privaten Räume sind die Salons und Zimmer
- Akt und Szene: I,1; I,5; II,1; II,3; II,4; II,5; III,6

Handlung und Textbeleg

1. Danton zieht sich in seine Resignation zurück (Akt 1+2)
   „Mute mir nur nichts Ernsthaftes zu" (II,2 S.34)
2. St. Just intrigiert als Politiker im Verborgenen (Akt 3)
   „Eben erhalte ich eine Denunziation" (III,6 S. 57)

Öffentlicher Raum

- Die öffentlichen Räume sind die Gassen, die Promenade, die Straße, der Jakobinerclub und das Revolutionstribunal
- Akt, Szene: I,2; I,3; I,6; II,2; II,4; II,6; II,7; III,3; III,4; III,7; III,9; IV,3; IV,5; IV,7

Handlung und Textbeleg

1. Robespierre agiert als Demagoge (Akt 1+2):
   „Tugendhaftes Volk" (I,2 S. 12), „Blutmessias" (I,6 S. 27) „Vaterland" (II,7 S. 42), „Der Schrecken ist ein Ausfluss der Tugend, er ist nichts anders als die schnelle, strenge und unbeugsame Gerechtigkeit" (I,3 S. 15)
2. Danton ist das Opfer eines manipulierten Volkes (Akt 3+4):
   „Danton hat schöne Kleider...Woher hat er das alles?" (III,10 S. 64)
   „...du kannst jetzt mit den Würmern Unzucht treiben" (IV,7 S. 74)

Handlungsräume der Figuren im Drama

Dramenfigur	Öffentlicher Raum	Privater Raum	Isolierte Funktion	Öffentliche und private Verbindungen
Robespierre	X		x	
St. Just	X		x	
Danton	X	X		x
Hérault	X			
Lacroix	X			
Phillippeau	X			
Camille	X			X
Marion		X		
Julie		X		
Lucile		X		
Grisetten		X		

⇨ Auffällig ist, dass Danton und seine Anhänger ab dem 3. Akt immer stärker im öffentlichen Raum agieren.

Literaturhistorische Einordnung des Dramas

TR. 35

- Konkrete literaturhistorische Einordnung fällt schwer, weil „Dantons Tod“ nicht nur zeitgenössische und sondern auch moderne Elemente enthält

  ⇨ Büchner wird häufig als Vertreter des Jungen Deutschland und des Vormärz beschrieben, weil er starke Kritik am Wirklichkeitsverständnis der Zeit übt.

- Vom Pessimismus geprägtes Drama typisch für diese Epoche

  ⇨ Viele moderne Züge, z. B. Vorgriffe auf naturalistische oder expressionistische Literatur (Sprache und Szenendarstellung)

  ⇨ Die Sprache in „Dantons Tod“ ist bei den einfachen Leuten einmal zu anspruchsvoll, dann mal wieder vulgär, aber nicht unbedingt realistisch gezeichnet.

  ⇨ Züge des Sturm und Drang, weil leidenschaftliche, ausdruckstarke Sprache, häufige Wechsel der Schauplätze, Kraftausdrücke, Volkstümliches, Vernachlässigung der dramatischen Technik

- Vorläufer des Dokumentar- bzw. Montagedramas

- Büchners teilweise starke Anlehnung an historische Quellen (z. B. Louis Adolphe Thiers, Histoire de la Revolution Francaise, Paris 1823-1827) führt unter Literaturwissenschaftlern immer wieder zu Diskussionen über die Originalität des Werkes.

Die Rezeption von „Dantons Tod“

TR. 36

- Erste bruchstückhafte Ausgabe: 1835 in der Zeitschrift Phönix
- 1835 auch erste Buchausgabe, allerdings stark zensiert und verändert
- Ausgabe von 1850 durch Karl Gutzkow und Ludwig Büchner: zahlreiche Veränderungen und Streichungen, wenig beachtet
- 1879: Gesamtausgabe von Karl. E. Franzos veränderte die Büchner-Rezeption grundlegend; starker Einfluss auf Gerhart Hauptmann und Gottfried Keller
- 1891: Büchners „Dantons Tod“ hatte Aufführungsverbot, weil Büchner als Sozialist galt (Bismarcks Sozialistengesetze)
- 1902: Uraufführung in Berlin (Belle Alliance Theater)
- Zwischen 1910 und 1925: fünf verschiedene Gesamtausgaben
- 1967: erste historisch-kritische Ausgabe von W. R. Lehmann
- 1923: Schaffung des Büchnerpreises = bedeutendster deutscher Literaturpreis
- 1910-1930: auf mehr als 90 Bühnen gespielt
- 1933-1945: kaum gespielt, weil Figur des Danton den Nazis verdächtig erschien
- Filme: Stummfilm (1921), berühmte Verfilmung 1982 durch Andrzej Wajda

Aufgaben

I. Literarische Erörterung

1. Stellen Sie die zentralen Aussagen der Briefe Büchners dar. (5. April 1833 und 28. Juli 1835).

2. Erörtern Sie, inwiefern sich Büchners Positionen in der Figur Dantons in seinem Drama „Dantons Tod" manifestieren.

II. Analyse und Interpretation der dramatischen Rede

1. Analysieren Sie den Dialog zwischen Robespierre und Danton aus Szene I,6 in Georg Büchners Drama „Dantons Tod".

2. Erläutern Sie anschließend, inwiefern sich Robespierres Einstellung zu Dantons Hinrichtung im Verlauf der ganzen Szene ändert.

III. Analyse und Interpretation eines Dramentextes unter spezieller Fragestellung

Analysieren Sie die Stimmung des Volkes im 3. Akt des Dramas unter besonderer Berücksichtigung seiner Lebenswirklichkeit. Nehmen Sie auf Grund Ihrer Ergebnisse Stellung zu Héraults Aussage: „Die Revolution muss aufhören und die Republik muss anfangen. (I,1)"

Lösungsvorschläge und Brieftexte befinden sich in einer Datei auf der CD.

Für den Hörtext wurden Zitate aus folgenden Büchern entnommen:

Max Kalbeck (Hrsg.): Paul Heyse und Gottfried Keller im Briefwechsel. Berlin 1919
Paul Landau (Hrsg.): Georg Büchner. Gesammelte Schriften, Bd. 1. Berlin 1909, S. 85
Friedrich Gundolf: Romantiker. Berlin 1930, S. 385-88
Karl Gutzkow: Phönix, Jg. 1835. In: Literatur-Blatt Nr. 27, 11. Juli

DIE PRAKTISCHE LEKTÜRE-HILFE IM MP3-FORMAT

HÖRSTOFF VON PONS GIBT ES AUCH FÜR:

J.W. von Goethe, Die Leiden des jungen Werther
ISBN: 978-3-12-**561496**-3

Friedrich Schiller, Don Karlos
ISBN: 978-3-12-**561498**-7

Bernhard Schlink, Der Vorleser
ISBN: 978-3-12-**561497**-0

PONS
www.pons.de